Jean DELOM de MÉZERA

Au Pays des Fusées

Le 9ᵉ Zouaves au Chemin des Dames

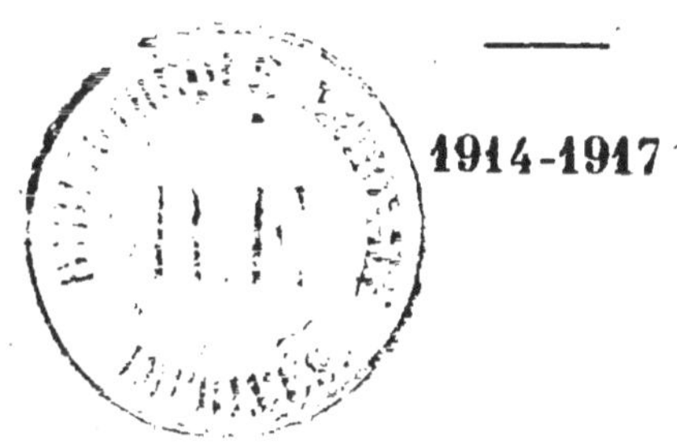

1914-1917

PARIS

JOUVE & Cⁱᵉ, ÉDITEURS

15, RUE RACINE, 15

1925

Au Pays des Fusées

OUVRAGES DU MÊME AUTEUR

Au fil du Rêve.

Les Lèvres closes.

Jean DELOM de MEZERAC

Au Pays des Fusées

Le 9ᵉ Zouaves au Chemin des Dames

1914-1917

PARIS

JOUVE & Cⁱᵉ, ÉDITEURS

15, RUE RACINE, 15

1925

AUBE DE VICTOIRE

AUBE DE VICTOIRE

> « Vous êtes l'Alsace, je suis la
> France ; je vous apporte le baiser
> de la France. »
> Général JOFFRE A THANN

Cigognes ! Chers oiseaux d'Alsace,
Pareils à de grands voiliers,
De vos longs vols réguliers,
Vous glissez tout droit dans l'espace...

Fuyez loin de vos toits pointus,
Par bandes vers le crépuscule ;
Derrière vous se sont tus
Les chants teutons. — L'hoziron brûle !

— L'hiver vous chasse. — Eh quoi ! Soudain,
Peureuses, vous volez plus vite :
Entendez-vous dans votre fuite
Ces roulements dans le lointain !

Est-ce la guerre, est-ce l'orage ?
— L'Alsace est prise d'un frisson ;
De nos « soixante-quinze » en rage
Ecoutez la folle chanson !

— Alors c'est vrai ? C'est la Revanche !...
Nos bataillons en rangs pressés
Des cols vosgiens déjà glacés
Descendent comme une avalanche.

Et puis, durant de longs mois noirs,
Ce n'est qu'explosions, rafales,
Et sous le ciel sanglant des soirs,
Charges qu'on répète, infernales !

Et les corps des soldats français,
Après ces luttes meurtrières,
Rougissent les houblonnières ;
— Mais qu'importe ! — C'est le succès !

. . . .

— Il fait beau. Blonde et transparente,
La brume couvre le pays;
Et voilà qu'une voix vibrante
S'élève de Thann reconquis!

Voix de chef, voix joyeuse et forte
Qui prononce des mots vainqueurs;
Mots d'amour, qu'à l'Alsace en pleurs,
Vite, vite la brise apporte!

Et c'est un radieux matin,
Et l'Alsace chante sans trêve!
Ce sont des carillons sans fin;
Il est bien fini, l'affreux rêve!

La cloche sonne à se briser,
C'est la Voix de la Délivrance :
— « C'est vous l'Alsace, — moi la France »,
« Je vous apporte son baiser! »

— Accours, accours, blanche cigogne,
Et regagne ton clocher gris;
Les gâs de chez nous sans vergogne,
Le rire aux lèvres, l'ont repris!

. . . .

Mais déjà le soleil s'apaise;
Debout sur ton nid, en plein vent,
Tu suis, immobile, en rêvant,
Jusqu'au Rhin l'Alsace française !

Villers-Cotterets, 1914.

DÉLASSEMENT

DÉLASSEMENT

Le couchant sur la mer jette un éclat magique ;
      Son reflet illumine encor
      Ton dôme avec sa mosaique
      Et tes campaniles de brique,
Indolente Venise, ile de marbre et d'or !

      C'est l'heure blonde où la monette
Fuit, craintive, le large et se pose à fleur d'eau,
Où l'on aime à fixer dans la clarté discrète,
Fermant l'immense golfe, étroite et violette,
      Au loin la rive du Lido.

De Saint-Georges, plus près, la tour orientale
    S'impose aux regards éblouis,
    Rouge et verte sur le ciel pâle,
    Et la vague aux reflets d'opale
Meurt toute rose au pied des palais endormis.

    Et dans la lumineuse ivresse,
Sur le grand canal bleu, le long des paliers,
Une gondole glisse ainsi qu'une caresse;
D'un mouvement rythmé se penche et se redresse
    Le buste des gondoliers.

. . . .

— Du dôme de Saint-Marc quand toutes les coupoles
    Perdent leur reflet d'or ancien,
    Tu parais avec tes violes,
    Ta nuit bleue et tes girandoles,
Dans ta calme splendeur, ô soir vénitien!

    Voix de femmes sur la lagune,
Nacelle lumineuse, au loin, qui vient sans bruit;
La Salute émergeant dans un rayon de lune,
Soupirs des violons qu'une brise opportune
    Vous apporte à travers la nuit.

Dans un doux bruissement, des lanternes tremblantes
        S'éloignent du bord tour à tour;
        Toutes, au son des valses lentes,
        Essor muet d'âmes ardentes,
S'enfuient éperdûment vers les plaintes d'amour.

        Et la gondole lumineuse.
Voit se presser dans l'ombre, autour de sa chanson
Mille feux palpitants, guirlande merveilleuse,
Assistance invisible où chaque âme, amoureuse,
        Vibre d'un émouvant frisson.

. . . .

— Minuit. Venise dort... Aux quais sans lumières,
        Le flux livre un tranquille assaut.
        Blancheurs sous les rayons lunaires,
        Frôlements de coques légères...
Les gondoles au port semblent rêver tout haut.

                              Villers, 1914.

LES
FUSÉES LUMINEUSES

LES FUSÉES LUMINEUSES

Sourde détonation — un ruban de feu qui monte en sifflant tout droit dans la nuit... Puis le silence, et l'épanouissement d'une merveilleuse fleur de feu là-haut dans l'infini sombre illumine toute la campagne entre les deux lignes. — C'est une fusée.

Fusées blanches, calme des nuits tranquilles, vous allez vous balançant sans hâte fébrile dans le ciel et soudain apparaissent les ombres chinoises des parapets noirs et boursouflés et des bourguignotes des guetteurs immobiles, où s'allume un reflet bleu. Entre les lignes, vivent des âmes, les âmes des patrouilleurs invisibles aux corps tapis, comme morts, sur la terre infernale et martyrisée.

Fusées rouges à trois feux — Signal de détresse! Allongez le tir! Appels angoissés des hommes foudroyés par leurs propres obus dans l'étroit dédale des boyaux eunuités.

Fusées à six feux ! Bouquet lumineux, fleurs éclatantes, soleils de nuit ! Cris d'alarme, Barrage ! Défendez-nous, camarades qui veillez sur nous à l'arrière et jetez l'infernal rideau de vos « soixante-quinze » et de vos « cent-cinquante-cinq » devant nos lignes.

Chères fusées ! Repos de nos âmes endolories, souvenirs des heures douces et des minutes d'angoisse ! Clartés consolantes, éclairs de joie ! Vous nous faites revivre le charme des cités lumineuses des soirs de paix ; grâce à vous, nous sommes moins seuls dans la tragique horreur des nuits obscures de la tranchée !

En ligne, 1915.

LE VIOLON
DANS LA CAGNA

LE VIOLON DANS LA CAGNA

Chanson douce et captivante, chanson de rêve, tu berces les âmes qui saignent dans l'effroyable tourmente et sur tes ailes invisibles, elles s'élèvent d'un seul vol vers les splendeurs extasiées ! O vie de paix, vie d'amour, souvenir des chères étreintes où la femme se livrait, si blanche, aux caresses ! Poème tremblant que vous chantez en sourdine, pauvres êtres souffrants. Dans la cagna, vous, rêvez et tâchez d'oublier votre épouvantable misère !

Oh ! Chantez encore, belle chanson triste, dénouez les fils de la réalité et transportez-nous dans l'inconnu troublant, où nous rejoignons tous nos frissons passés !

Complainte éternelle, vivante harmonie, divine messagère des songes d'amour !...

En ligne, 1915.

UNE RELÈVE

UNE RELÈVE

Tranchées de Cumières, 10 mars 1916.

Hier soir, neuf mars, nous sommes montés aux tranchées. La neige qui ensevelissait la campagne éclairait cette nuit de relève. Chaque section marchait à cent pas de distance de celle qui la précédait et chaque homme en file d'escouade à cinq pas et nous nous efforcions dans l'obscurité de ne pas perdre de vue celui qui marchait devant nous à quelques mètres, de peur de nous égarer.

L'on entendait venir dans la nuit des sifflements sinistres et devant nous, au bout de la route toute blanche, brillaient à intervalles réguliers les étincelles des éclatements dans le village de Cumières que nous allions traverser.

Nous croisions des charrettes légères à deux roues, recouvertes d'une bâche, que poussaient des hommes courant, et nous y distinguions vaguement les corps allongés des blessés et des morts que l'on emportait vers l'arrière. Les voitures au trot me faisaient penser malgré moi aux pousse-pousse chinois.

Soudain un miaulement, venant de la droite, semble s'allonger jusqu'à la route que nous suivons : nous nous jetons dans le fossé et l'obus éclate à vingt pas de nous.

Nous entrons enfin dans le village de Cumières : collée contre le mur de la première maison à droite, c'est une section qui a perdu son chemin. Les hommes sont là, sans gradés; attendant ils ignorent quoi et un peu émotionnés par le bombardement. Ils ne savent plus où aller et nous leur ordonnons de nous suivre.

Après Cumières, que nous traversons en frôlant les murs, afin d'être un peu protégés contre les éclatements, nous entrons dans une zône nue, désolante sous ce linceul blanc : c'est une pente qui monte vers les tranchées.

Nous devons arriver : les quelques hommes qui redescendent et nous croisent parlent bas. Sur les bords de la piste, que nous suivons, nous distinguons mal des formes blanches bizarres; ce sont des cadavres d'hommes et de chevaux qu'a recouverts la neige.

Enfin des ombres s'agitent devant nous; c'est ici la tranchée. Nous descendons dans le vague boyau qui existe, boyau provisoire de guerre en rase campagne où nos troupes s'étaient installées et avaient pu arrêter l'ennemi après avoir repris Cumières — et nous cherchons l'emplacement exact de notre section.

Toute la compagnie appuie vers la droite et nous sommes placés.

Me voilà, les pieds dans la neige, au coin d'un des angles du boyau, qui peut vaguement servir de pare-éclats, assis sur un sac, les coudes sur mes genoux et la tête dans mes mains et c'est ainsi que je vais chercher à m'endormir.

Au-dessus de moi, sur le parapet, dépassent deux souliers ferrés d'un cadavre, à peine recouvert de sable.

Les fils de fer étant inexistants, nous plaçons des sentinelles à dix pas devant la tranchée et nous prenons un peu de repos, les pieds glacés, en attendant la première alerte, qui eut lieu à onze heures du soir.

Les sentinelles crient soudain « Aux Armes »! et regagnent notre boyau. Nous voilà tous debout, tandis qu'éclate de part et d'autre une fusillade intense et que montent, au ciel des fusées sans nombre, dont les trajectoires lumineuses font le jour en pleine nuit. Un quart d'heure plus tard, la fusillade, ainsi qu'une crise nerveuse passagère, se calmait peu à peu et tout rentrait dans le calme jusqu'à l'aurore.

AU REPOS

AU REPOS

D'autres âmes ont avant moi considéré ces buissons
de roses et ce long mur gris tapissé d'une treille, dont
il ne reste aujourd'hui que les croisillons de bois; ces
roses étaient, je pense, leur gracieux souci, et que de
rêves elles firent, les yeux fixés sur les toits bas du
fond du jardin que dominent quelques arbres feuillus,
clairsemés.

. . . .

Toute une vie fut là! Visages d'hommes, graves ou
tristes, visages éclairés de jeunes filles, vous étiez là
un jour sans doute réunis autour de cette table où je
dine aujourd'hui, seul, en guerre.

Le décor est le même, les choses gardent leur im
muable aspect, seuls, les hommes passent et se suc-
cèdent dans le même décor...

Sept heures sonnent lentement dans le soir et le jardin se recueille; c'est l'instant où les bêtes et les choses

commencent à vivre d'une vie silencieuse et pure et le tumulte humain fait silence!...

Ecoutez ces pressants appels des trains! Vite, vite venez! Je vais vous emmener vers des régions prodigieuses, vers la campagne immense, dans l'espace infini! O cris déchirants de ces grands voyageurs de rêve qui bercent les souffrances humaines d'un perpétuel désir!...

Clermont, 1916.

NONCHALANCE

NONCHALANCE

Lentes et pâles
Dans la clarté mate de midi,
Vous chantez, cloches heureuses !
— Silence des mers étales —
Bruit de pas dans les rues cahoteuses,
— Tout s'éloigne ;... et c'est fini !

C'est dimanche. La ville repose ;
L'horizon bleu qu'elle domine
Tremble dans la brume chaude :
L'ennui de la solitude rôde
Le long des murs que la clarté mine
Et les jardins clôs expirent des senteurs de roses !

O cloches! Bercez la ville qui dort...
Imposez-vous sur les pierres et les âmes,
Et que votre immense et silencieux accord
S'épanouisse, plus large toujours et toujours moins fort,
Dans l'espace... infiniment... comme l'eau sous les
[rames!

Clermont, 1916.

TROIS MÉDITATIONS
AU CANTONNEMENT

TROIS MÉDITATIONS AU CANTONNEMENT

A l'auteur des « Nourritures terrestres »:

I

Exprimer les moindres frissons qui viennent vous
frôler l'âme, saisir au vol les sensations subtiles et
passagères qui vibrent en vous à chaque heure du jour
et presque à chaque seconde, recueillir sans en dis-
traire une seule, les insaisissables émotions qui pal-
pitent, étincelles lumineuses d'un invisible foyer, à
la transparence de l'intime conscience, retenir toutes
les gammes de l'amour et du rêve, toutes les suggestions, folles ou sereines, des choses ; enchâsser dans
l'écrin du verbe toutes les notes de vie, c'est apprendre
à se connaitre, à deviner les autres âmes, à savoir
l'univers; c'est se composer un bouquet de fleurs

rares, dont le parfum ardent et mystique vous aide à supporter la souffrance, vous permet de sourire et vous fait parfois doucement pleurer!

Et, pour cela, vivre en spectateur passionné de la vie dont vous êtes le principal acteur, s'intéresser à toutes les parcelles du temps qui passe, considérer d'où vous venez, à quel tournant de la route vous en êtes et attendre, avec un calme recueillement et un tremblant désir le chemin qu'à chacun de vos pas *seulement* ouvre devant vous la destinée!

O destin, voie de l'homme tracée par Dieu pour chacun de nous, ignorance absolue de l'horizon que peut découvrir tout à coup chaque seconde qui vient, attente angoissante de l'inconnu!

Comment pouvons-nous continuer à vivre, à penser en toute tranquillité, comme si la route future était tra-cée d'avance et s'allongeait devant nous dans la clarté; à jouir du présent, des êtres, des arbres, de la nature, à dresser des plans, à organiser l'avenir quand nous ignorons ce que va nous apporter l'instant immédiat, la seconde prochaine, quel abîme de félicité ou de tris-tesse va déjouer notre attente aveuglément heureuse, quel gouffre peut soudain s'ouvrir sous nos pas tran-quilles et sûrs! ou simplement quel espoir, quelle défaillance, quel songe nous allons vivre!

. . . .

Comment alors, mon Dieu, dans ce dédale obscur

ne pas penser à vous? Vous le Seul Appui de nos pas ignorants, Seul Guide le long de la route, inexistante, avant que nous l'ayons suivie, car seule la succession des instants crée la voie de la vie; le passé constitue seul la vie, car le présent n'est qu'une « attente ».

Pourquoi, Mon Dieu, n'avons-nous de regards possibles que vers le chemin déjà parcouru? Merveilleuse divination qui a voulu que ce vagabond de la fatalité qu'est l'homme marche avec un perpétuel espoir et un désir toujours nouveau dans la nuit et que la seule boussole qui lui permit de s'orienter fût le jugement du passé.

O Providence, Merveilleux Réflecteur du sentier suivi, Soutien Lumineux de l'instant qui passe, Etoile Adorable et Fidèle, Qui palpite infiniment à l'horizon!

Verberie, 1916.

II

Que toutes les notes, jetées à la hâte sur la page,
au long du jour, soient lourdes de vie, de rêves, de souvenirs et de frémissantes sensations. Que pas un
mot soit inutile, que chaque place de chaque terme
ait sa « nécessité ». Qu'il coure entre les lignes une émotion intense et vraie et de tous les instants, une palpitante ferveur, qu'y frémisse toute une âme !

Vous croyez que ces phrases n'ont pas de sens ; vous
les lisez d'abord sans les comprendre ; il vous faut
alors les relire à mi-voix, pâle et langoureuse comme
on chante tout bas une berceuse très douce, et, peu à
peu, comme une teinte divine sur un lumineux écran,
palpitera encore imprécise, puis s'épanouira voluptueusement en vous une sensation insoupçonnée,
latente en votre âme dont l'insupportable et très
réelle présence fera courir dans tout votre être glacé
un involontaire frisson.

Verberie, 1916.

III

Les sens seuls ne mentent pas, puisqu'instinctifs
— la raison n'est que la limite artificielle que nous leur
donnons — Une littérature basée sur la sensation est
une littérature vraie !

Réponse. — Les sens étant irraisonnés, sont vrais.
Mais qu'est-ce que cela prouve? Ils ne sont jamais que
les moyens du corps et c'est l'âme, raisonnable, qui
doit les adapter à son usage et leur fixer un but.

La littérature fondée sur les sens est exacte dans son
petit domaine, mais elle est surtout intéressante,
parce qu'inachevée, car, sans nous fournir l'explica-
tion, elle nous offre les éléments pour y parvenir. Or
un po me, une strophe quelconque, en vers ou en
prose, ne nous captive qu'en nous ouvrant l'horizon
du rêve, en nous permettant de deviner. Soulever un
coin du voile, sans empiéter sur la liberté de l'adapta-
tion personnelle, est le rôle et le talent du poète.

Mais il est indispensable que derrière le voile soit une perspective, et plus elle est large, plus est immense le champ des suggestions, plus la plaine du songe s'étend à l'infini, plus l'œuvre est admirable!

Verberie, 1916.

UN SOIR

UN SOIR

Vous m'aviez accompagné sur la route
Et c'était un soir plein de songes,
A cette heure exquise où l'on écoute
Pieusement les plus doux mensonges...

Un châle blanc s'enroulait autour de votre cou frêle,
Vous étiez plus blonde que jamais;
Nous marchions côte à côte, vous étiez belle
          Et je vous aimais.

Lentement, pour que mon âme attende
Et désire votre voix, vous laissiez les mots couler;
Puis soudain, de peur que l'on vous entende,
Vous penchiez la tête et n'osiez plus parler.

J'ai baisé votre main avant que je vous quitte,
Vous m'exhortiez à vous laisser, mais je n'en fis rien,
Jusqu'à l'instant où tout bas, de peur que votre accent
                                        [ne s'ébruite,
Vous me dites : « Adieu. Je vous aime bien ! »

Milly, 1916.

LES AMES DE PIERRE

LES AMES DE PIERRE

J'ai trouvé l'église monumentale et gothique, qui
reposait, toute ensoleillée dans l'immense paix de
midi. Les pierres grises étaient toutes blanches et les
vitraux en ogive laissaient deviner à l'extérieur leurs
tons chauds et qui paraissaient éteints, vus à contre
soleil ; la nef pourtant devait à cette heure être toute
rose et d'or des rayons étincelants qui se coloraient
en les traversant.

Je vous aime, calmes cathédrales de nos petites
villes françaises, somptueux et mystiques chefs-
d'œuvre de pierres noircies par le temps et d'éclatants
vitraux, chevets dentelés aux gargouilles ironiques
qui se tendent éternellement sur une petite place
déserte où s'élèvent, rêveurs aux quatre angles, quatre
maigres sapins ; l'humble porte de bois du presbytère
semble de sa margelle de pierre, surveiller le silence

qui doit entourer la tête de l'église, la tête du Sauveur.

Oh! Faire tout le tour des contreforts massifs où s'étagent les balconnets de pierre et que termine la dentelle des clochetons ; vivre toute la poésie exhalée de cet être de pierre et qui tremble tout alentour ! toute église se dresse dans une vapeur de rêve et d'amour qui l'isole de la ville profane : puis franchir le seuil : frisson glacé qui caresse votre front, entrée subite de la clarté dans l'ombre, mystère palpitant et merveilleux silence ! Les piliers minces montent d'un seul jet jusqu'à la voûte, la douce et pâle lumière est tamisée des teintes opalines des scènes de l'histoire sainte et là-bas, tout au fond, au pied de la petite veilleuse suspendue dans l'espace et qui palpite comme un rubis qui saigne. Est, Vit, Attend et Aime, sous l'arche d'or, l'Etincelle d'amour Qui anime le monde !

Clermont, 1916.

POÈME
DE LA GIROUETTE

POÈME DE LA GIROUETTE

Je connais une girouette,
Devant ma vitre, sans façon,
Qui, svelte, couronne la crête
Du toit qui borne l'horizon.

J'aime sa finesse altière
Que l'infini semble attirer,
Mais surtout son âme légère
Que chaque brise fait pleurer.

Lorsqu'aux pentes du toit d'en face,
Comme une vague, vient mourir
La rafale de vent qui passe,
Son grincement semble un soupir.

Ce petit être, par essence
Etre versatile et léger,
Chante une tragique romance
A chaque frisson passager.

La girouette se lamente ;
Que son sanglot est émouvant !
Quand vient la caresser l'andante
                    Du vent.

. . . .

Dans les temps de paix, sa complainte
Caresse l'âme nuit et jour :
Dès qu'à l'aube le ciel se teinte,
Elle lance un appel d'amour.

Et si, toute la matinée,
Elle gazouille sans arrêt,
C'est que le vent l'a lutinée,
La frôlant d'un baiser discret.

C'est l'heure des siestes brûlantes,
Tout repose : — elle, veille encor
Et des campagnes somnolentes
Berce en chantant le songe d'or.

L'amante d'azur, d'habitude,
Se dressant dans le soir serein,
Verse une chère quiétude
En fredonnant son lent refrain.

La girouette se lamente,
Et son sanglot est émouvant,
Quand vient la caresser l'andante
                    Du vent.

. . . .

— Mais aujourd'hui comme elle pleure !
D'où vient donc cette émotion
Qui la fait, quand le vent l'effeure,
Gémir en fixant l'horizon ?

Entendez-vous ? Des plaintes montent
Là-bas de la plaine qui dort,
Et par milliers des morts s'y comptent,
Héros tombés en plein effort.

Jeunes gens au regard de rêve,
Qui ne demandaient qu'à charger,
Cœurs ardents que tentait sans trève
Un fougueux désir du danger !

Et c'est dans ces charges épiques
Que tous sont tombés en chantant ;
Couchés en des poses tragiques,
Ils dorment, eux que l'on attend.

Oui ! Là-bas dans la chaumière,
A Paris, comme au vieux manoir,
Les attend une pauvre mère,
Qui prie, et qui pleure le soir.

Des lèvres de la fiancée
S'envole, berceur, un refrain :
Elle chante, — et va sa pensée
Vers celui qu'elle attend en vain.

Quelle guerre et que de tristesses !
Que ton chant est désespéré,
O Girouette, qui te dresses,
Au ciel en un geste éploré !

Dans les crépuscules paisibles
Passe des âmes le vol d'or,
A ces frôlements invisibles
Sa voix est plus troublante encor !

La girouette se lamente,
Que son sanglot est émouvant !
Quand vient la caresser l'andante
                Du vent.

. . . .

Que de fois, ma chérie, ensemble
Nous l'écoutons ! J'aime à sentir
Sur le mien votre bras qui tremble
Quand s'exhale au ciel son s upir.

Plus tard, au cours de la campagne,
Je vous quitterai pour toujours.
Que sa chanson douce accompagne
Le souvenir de nos amours !

Cette âme qui grince et qui crie,
Faisant frissonner votre émoi,
Bercera votre rêverie
Lorsque vous penserez à moi !

Vous l'entendrez qui se lamente
Ainsi qu'un pauvre être vivant ;
Quand la caressera l'andante
                Du vent.

                              1916.

LE CANON

LE CANON

Ce fut cet après-midi la grande distraction du village qui s'était porté tout entier ainsi que nous autres, les zouaves, par la grand'route ensoleillée au passage à niveau où Il devait passer.

Le signal électrique chantait déjà de sa voix grêle et la fumée blanche sortait en tourbillons, là-bas à droite, des grandsbois feuillus au tournant de la voie. — Le train s'avança lentement, comme pénétré de l'honneur insigne qui lui était échu ce jour-là.

Ce fut d'abord un wagon de deuxième classe, où des têtes d'artilleurs apparaissaient, nous jetant : « Vive les zouzous » au passage ; puis tout de suite après, dans un cadre blindé, superbe sur son affût massif, allongé comme un grand tigre tapi, la tête sur les pattes, entouré de bouquets de roses et d'œillets piqués à tous les en re-croi ements de l'armature d'acier bleu pâle, — Il passa, dans son impressionnante et formidable majesté.

Ses chevaliers servants, les artilleurs en bourgeron blanc et képi, des fleurs des champs à leur veste, assis en grappes humaines aux différents échelons de cette énorme machine, l'un d'eux à califourchon sur la gueule de la pièce, terminant la pyramide, montaient une garde d'honneur tout autour de cette bête magnifique, somptueuse et si calme au repos et dont les effroyables hurlements vont, quand le moment sera venu, épouvanter les campagnes, éventrer la terre et semer la panique dans les rangs de nos ennemis.

Passe, beau Trois-Cent-Vingt, dans ta calme grandeur ! Nous t'admirons et nous t'aimons déjà : comme un dogue fidèle, tu vas nous aider à vaincre et ta robe d'azur semble frémir au contact de ces mains si frêles de ceux qui seront tes maitres et qui te caressent déjà amoureusement.

Gironville, 1916.

LA CHÈRE CARESSE

LA CHÈRE CARESSE

O tes grands bras blancs
Qui m'entourent si doucement,
Collier d'amour, collier de chair si frêle,
Molle et chaude caresse, frôlement d'aile,
Tendresse ardente de tes bras nus !

Tout contre moi te tenir tremblante,
Tes cheveux tout près de mon visage,
Tes lèvres entr'ouvertes dans leur calme ferveur
Comme deux pétales d'une fleur vivante.
Toute ta souplesse entre mes mains et par le col du corsage,
    Palpitante, toute ton enfantine blancheur !

Heure de rêve et de muet oubli !
Ames confondues, vérité de l'existence :
Mots qui meurent sur les lèvres, à peine éclôs,
Et dans le silence
Mon long baiser sur tes yeux clôs !

1916.

CONTRASTE

CONTRASTE

Quel délicieux repos pour l'âme que le grand calme de la campagne ! On écoute... Rien !

L'oreille se fait attentive aux bruits les plus lointains : à peine entend-elle tout là-bas le sourd roulement d'un train qui passe ! Seuls, bercent la solitude les cris des roitelets et les chants de coq des cours de ferme.

Le ciel est bas aujourd'hui et les feuillages épais semblent alanguis dans le jour terne ; — comme un léger coup d'éventail, la brise intermittente et qui annonce la pluie agite par instants les cimes des arbres avec un bruit de soie.

Il fait si bon ici, si tranquille et cependant, à quelques kilomètres le canon roule, régulier, sur le front immense et de pauvres êtres meurent stoïquement à leur poste de combat !

Pourquoi faut-il que par endroits la pauvre terre

souffre, remuée, défoncée, hâchée, soulevée, labourée jusqu'aux entrailles par une pluie de fer, et qu'ailleurs elle repose dans la paix du soir, exubérante de vie, heureuse dans sa luxuriante prospérité, toute embaumée des roses de juin !

Image de la vie, mystère de Dieu !

1916.

SOLANGE

SOLANGE

Souvent je pense à vous, Solange,
Chère petite aux grands yeux noirs,
Parfois votre sourire d'ange
Si doux, me frôle certains soirs.

Je suis seul, loin de votre enfance
Et je me sens vieux et lassé,
Depuis que votre exubérance
Sur mon pauvre cœur a passé !

J'eus aimé que votre jeunesse
Vint se blottir tout contre moi ;
Comme une petite faunesse,
Agitant votre courte tresse,
Vous vous sauviez, riant, pourquoi ?

— Puis vous vous approchiez, mutine :
Je vous prenais sur mes genoux,
Vous serrais contre ma poitrine
Et je ne voyais plus que vous.

J'aimais sentir votre visage
Si rieur et si malicieux,
Quand je vo s montrais une image,
Se lever vers mon front soucieux.

C r nous nous amusions ensemble,
Cher repos de mon cœur souffrant !
Oh ! je voudrais que vous ressemble
Celle qui sera mon enfant !

Comme vous, je veux qu'elle porte
Deux boucles de chaque côté
Et que de son clair regard sorte
Une enfantine gravité.

Tantôt triste et tantót ardente,
Et coquette un peu comme vous,
Je lui veux une âme brûlante
Et des gestes jeunes et fous !

— Ainsi d'un autre petit ange
M'effleure l'amour enlaçant ;
Et voilà ce qui fait, Solange,
Que je rêve en vous embrassant !

Milly, 1916.

MATINÉE DE JUIN

MATINÉE DE JUIN

La cloche sonne, c'est dimanche. Les blés lourds s'inclinent sous la chaleur du jour et le calme règne. O douceur de la campagne française ! Ton grand silence n'est coupé que par le chant isolé des coqs dans les fermes et les mille chansons des pinsons sous les pommiers.

Une voiture grince là-bas sur la route; ô paix, ô sérénité de la voûte du ciel, ô rêves exquis de bonheur, irréalisable en temps de guerre !

Chantez la Providence au son de la cloche, prairies émaillées de fleurs jaunes, chantez la Providence, arbres fruitiers jeunes et vieux à l'ombre immobile ; chantez la Providence, ô tonnelles, ô barrières, ô côteaux verdoyants !

Chantez-la, maisons tranquilles perdues dans le

feuillage, chantez-le aussi, génisses blanches et bœufs tachetés au regard infini : — et que cet immense concert de joie et de vie soit une perpétuelle louange au Créateur !

Massy, 1916.

AUX ÉMIGRÉES
DE RIAVILLE

AUX ÉMIGRÉES DE RIAVILLE

Après de longs voyages, fatales vagabondes, je vous rencontre, réfugiées dans cette misérable ferme, où vous passez vos journées, si lentes, auprès du vaste poêle, favorable aux veillées.

Pauvres âmes isolées dans la vie, oiseaux voyageurs qui ne savent où poser leurs ailes !

Toi surtout, charmante Marie, à la voix douce et à la parole lasse, comme brisée par la douleur, pauvre tourterelle blessée.

Le nid a été saccagé par les Barbares et les brindilles dispersées au vent.

En femmes courageuses, vous riiez encore de votre misère et cette vie de bohémiennes illuminait la jeunesse confiante de la jeune fille, nouvelle Mignon.

Dans votre douloureux calvaire, vous avez gardé

votre élégance native et Marie coiffe ses cheveux blonds à la mode du jour.

Je vous admire et vous aime, chères Françaises, toujours vaillantes dans l'épreuve, mère aux cheveux blancs et toi, vierge gracieuse, dont les malheurs ont voilé le clair regard et mouillé les grands yeux éternellement tristes!

Foucaucourt, 1917.

UNE RENCONTRE

UNE RENCONTRE

Chaude et calme était la soirée ;
Je marchais, seul, dans la forêt :
Des canons la voix éplorée
N'éveillait plus le bois secret.

Tout à coup, dans la nuit muette,
J'entendis, comme un clair frisson,
A chacun de mes pas plus nette,
Monter une ardente chanson.

Devant moi s'ouvrirent les branches
Et, sortant de l'ombre soudain,
Je vis deux jeunes formes blanches,
Et qui se tenaient par la main.

Souples en leurs robes frileuses,
Que soulevaient leurs seins menus,
Elles venaient, harmonieuses,
Cheveux flottants, bras et cou nus.

Et leurs voix dans la solitude
Montaient mystérieusement.
Elles disaient le combat rude,
L'assaut, où l'on meurt follement !

. . . .

N'étiez-vous que deux jeunes femmes,
Ou de beaux anges qui, sans bruit,
Des héros emportent les âmes
En chantant à travers la nuit ?

O doux anges de lumière,
Bercez-les, ces glorieux morts
Dont l'adolescence altière
Connut les suprêmes efforts !

Que les bercent votre complainte
Et vos jeunes pas moelleux,
Pour qu'ils oublient l'horrible étreinte
De la mort s'abattant sur eux !

Ô chanson douce au crépuscule,
Douce et prompte à vous émouvoir,
A l'heure où l'horizon recule
Et se fond dans l'ombre du soir !

. . . . , ...

— « Ils sont tombés dans la nuit brune... »
Là-bas meurt le troublant refrain :

. . . .

Blanches dans les rayons de lune,
Elles vont, se donnant la main.

1917.

LEUR BEAUTÉ MORALE

LEUR BEAUTÉ MORALE

Ils ont interrompu leur travail et les voilà, mes
zouaves, tous la tête en l'air, muets d'admiration
muets aussi d'envie et de désir !... Un avion passe haut
dans le ciel au bruit monotone de son moteur.

Puis bientôt ils baissent la tête et eux, qui sont atta-
chés au sol, jaloux du camarade qui semble si libre
dans les airs, mais disciplinés quand même, ils se
remettent à casser des pierres, occupés en ce moment,
comme troupe au repos, à l'exploitation d'une car-
rière ; – tandisque la grande libellule bl ode se perd
là-bas dans le brouillard.

Ils sont moins heureux, les pauvres gars, mais eux
aussi ont leur heure de gloire, plus modeste peut-être,
mais non moins belle, quand, durant les bombardements sur les lignes, ils gardent leur poste de combat,
malgré l'obus qui s'écrase dans la tranchée et les for-

pilles qui broient les chairs et les réduisent en bouil-lie. A ce moment là, ils sont sublimes et bien peu s'en doutent ! — Chers héros ignorés, quelle fierté d'être votre chef !

Thuilley-aux-Groseilles, février 1917.

DU CHEF EN GUERRE

DU CHEF EN GUERRE

La guerre nous promène sans cesse dans des régions variées, tous les jours nous contemplons des horizons nouveaux, tous les jours, nous vivons une vie différente. Nous faisons ce perpétuel voyage constamment avec nos hommes.

Dans les différentes circonstances qui s'offrent à nous tout le long du chemin, nous les guidons, les dirigeons, les surveillons.

Toujours avec eux, nous sommes leurs grands frères et si nous leur offrons sans cesse des raisons de nous admirer, de nous estimer et de nous aimer, nous devenons naturellement leurs chefs.

Bois l'Evêque, 1917.

DERNIÈRE VEILLÉE

DERNIÈRE VEILLÉE

Laisse ta tête reposer sur mon épaule — Dors... dors !
Comme une divine harmonie,
La tendresse nous enlace;
Oh! s'aimer toute une vie!...
Sur mon épaule dormez, enfant pleine de grâce!

Je vous aime.
Et votre âme confiante s'abandonne à mon amour;
Dormez ainsi tout contre moi jusqu'à l'heure blême
Du jour!

Comme le village est calme!
Les toits alignent leurs pentes de nuit
Sur le ciel étoilé....
J'écoute : plus un bruit !
Au pays des songes, sa jeunesse s'en est allée...

O vie de guerre, vie misérable!
S'aimer ainsi et ne pouvoir demeurer!
Près de moi elle dort et son souffle adorable
Comme la caresse d'un baiser, vient m'effleurer.

Enfant! Si jeune et déjà si femme!
Qui donc t'a appris ces gestes d'amour,
Qui t'a dit ces mots brûlants que ton âme réclame?
O nuit qui meurt avant le jour!

Tu n'as pas vécu et tu connais la vie!
J'ai peur, car ta jeunesse seule te défend;
Pauvre petite âme trop tôt assouvie;
Fleur pâle qu'a fanée la guerre, — pauvre enfant!

1917.

MES HOMMES

MES HOMMES

Les sous-bois sont gris, le ciel est couleur d'éme-
raude; parmi les feuilles saignantes rôde la tristesse
du soir.

Nous revenons d'une manœuvre de bataillons. Je
marche sur la route boueuse à la tête de mes zouaves
et parfois je me retourne pour contempler les files
alignées des hommes que je commande et me réjouir
les yeux de ce groupe uniformément kaki si discipliné
et si bien en main que forme ma section.

Ils sont là derrière moi, mes hommes, mes enfants.
J'entends leurs plaintes juvéniles et je souris avec
eux de temps en temps en tournant la tête. L'un d'eux
lance un refrain à la mode et pour encourager ses camarades déjà fatigués de l'étape, moi, qui ne porte rien,
je continue la chanson commencée et tous alors s'y
mettent, et leur voix jeune et chaude, bien scandée,

trouble : solitude de la forêt et réveille les échos endormis

Je sens qu'ils m'aiment, qu'ils m'estiment, et nous ne formons qu'une seule pensée.

Quel honneur de pouvoir commander à d'autres hommes, d'obtenir d'eux par la confiance réciproque ce que je leur demande, de pouvoir, l' jour venu, les entrainer derrière soi au milieu des balles qui sifflent, des mitrailleuses haletantes et meurtrières et du fracas des tirs de bar age et des « gros noirs », à la conquête du sol de France !

Mais pour obtenir cela, il faut les comprendre, vivre toujours avec eux, s'en faire aimer et surtout les aimer, tous ces hommes de vingt ans qui ne sont encore que de grands enfants, car ils en ont la gaieté et l'imprévoyance.

Ce rôle de chef est particulièrement beau et réconfortant dans ce temps de guerre, où il revêt toute sa sublime beauté et où son palpitant intérêt fait trouver moins longs les loisirs et les jours d'ennui.

Mais voici que la « clique » se met à sonner, dissipant toutes mes réflexions. Nous rentrons au camp. Et c'est alors la sensation de la cohésion, de l'uniformité du pas et des mouvements, de la force ordonnée et maintenue, avant d'être, par un beau matin ensoleillé, déchaînée contre l'ennemi ; et ma section forme un tout dans cet ordre ; je la regarde : les files sont alignées, les armes bien placées sur l'épaule droite à la

même hauteur, les mains gauches se balancent bien
en cadence et je me sens encore plus rempli d'orgueil
d'être leur chef et je me redresse, scandant le pas, les
yeux fixés loin devant moi sur la campagne qui s'en-
dort au crépuscule!...

Camp du Bois l'Evêque, 1917.

LE
9ᴱ ZOUAVES DE MARCHE
A L'ATTAQUE
DU CHEMIN DES DAMES

LE 9ᵉ ZOUAVES DE MARCHE
A L'ATTAQUE DU CHEMIN DES DAMES

Secteur de la Sucrerie de Cerny
(15-21 avril 1917)

Moulins, 15 avril 1917.

Ce matin, tandis que je dormais encore dans une chambre située au premier étage d'une maison abandonnée du village de Moulins et transformée en dortoir pour les officiers, j'entendais vaguement les sifflements ininterrompus des obus à gaz dont les Boches arrosaient le pays. Ces obus sans détonation n'impressionnent pas et cependant causent parfois des morts affreuses par asphyxie au bout de quelques jours.

Je me levai, redoutant de recevoir un de ces engins dans ma chambre, et j'aime bien pendant les bombardements être parfaitement éveillé afin d'entendre venir et pouvoir me rendre compte.

Nous sommes arrivés dans ce patelin hier soir à la nuit, après avoir parcouru 15 kilomètres et traversé plusieurs villages, parmi les hurlements sans fin de toutes nos pièces grosses et petites préparant l'attaque de demain. Le capitaine Leperchey (1), chic officier, venant du Maroc, était étonné comme moi des rares sifflements boches répondant à nos batteries. Quelques obus, espacés seulement sur les pentes de Madagascar qui dominent Bourg-et-Comin et sont, grâce à leurs cavernes et champignonnières, un formidable nid d'artillerie.

Cet après-midi, nos batteries ayant simulé une préparation immédiate d'attaque, afin de démasquer les batteries boches non encore répérées; nous avons été sans arrêt arrosés par du gros calibre et avons dû passer une partie de la journée dans le P. C. d'un commandant d'artillerie qui demeure dans la cave de notre maison. Nous n'y sommes descendus qu'après l'arrivée d'un 150 contre le premier étage de celle-ci. Tout contre la barraque où nous demeurons, sont alignées 4 pièces de 180 qui, tirant toutes quatre à la fois, ébranlent les murs au point de les faire tomber.

Vers 3 heures j'ai dû sortir avec le capitaine Leperchey sous 'a pluie d'obus qui arrosait Moulins pour lire dans les caves où cantonne notre 3ᵉ compagnie la proclamation du général Pellé qui vient de paraitre et commence par ces mots : « Mes amis, demain vous attaquez! ».

1. Tué au P. C. du Haut du Ravin, en Argonne, en 1917.

Pour revenir, je courais dans les rues et, à un moment donné, j'entends venir une « marmite » derrière moi ; j'allonge le pas jusqu'au carrefour prochain et alors que j'allais y arriver, j'entends un fracas du diable ; je me retourne ; un immense nuage rouge sortait à quinze pas derrière moi du mur que je venais de longer. La détonation renversait en même temps un des coins du carrefour où je me trouvais. Je suis rentré à la cave de notre ami, le commandant d'artillerie, heureux d'en être quitte à si bon compte. Ce soir un de mes hommes, Vurpillot, le premier de notre bataillon, dont j'ai ainsi les honneurs, a été blessé par un obus asphyxiant au pied.

En me promenant j'ai vu deux pauvres mulets à moitié asphyxiés par les gaz. C'était lamentable : l'un d'eux était déjà allongé sur le flanc et cherchait en vain à respirer, ne pouvant plus se tenir debout ; un quart d'heure plus tard, il avait cessé de souffrir.

Ce soir, nous montons passer la nuit dans une tranchée derrière les lignes de départ que nous franchirons demain à l'aube Jour J. à l'heure H.

L'ATTAQUE

L'ATTAQUE

(16 avril 1917)

Tranchée de Munster
16 avril, 10 h. 30 du matin.

Nous avons passé cette nuit dans une tranchée au
pied d'une falaise, à quelques mètres d'une batterie
de crapouillots que les Boches ont bombardée toute la
nuit avec du gros calibre, pour répondre à leur tir
ininterrompu. J'écoutais le départ de nos torpilles
qui font l'effet d'un ressort à boudin qui se détendrait
en spirale dans l'atmosphère et puis s'éloignerait par
sa propre force vers les lignes ennemies. Le sifflement
des 210 qui semblaient chaque fois venir jusqu'à nous,
mais s'arrêtaient un peu avant de nous atteindre, était
assez désagréable à entendre. La tranchée, où nous
avons ainsi vaguement somnolé, se nommait tranchée
de Limoges; elle était au pied de la crête où se trou-

vaient les lignes ce matin, à un kilomètre au **nord-est**
de Moulins.

Vers 7 heures, l'attaque se déclenche : le 9ᵉ zouaves
part à H. plus 1 h. 15 derrière le 1ᵉʳ mixte. **Nous**
escaladons le ravin en suivant un vague boyau extrê-
mement raide, qui nous arrive aux genoux. Les Boches
nous envoient des obus asphyxiants et nous devons
mettre les masques, ce qui ne facilite pas notre ascen-
sion. Les avions boches en grand nombre et quelques
français nous survolent très bas. Enfin nous voici à la
crête et nous enlevons nos masques. Nous sommes
à 8 heures trente dans la tranchée de départ, dite tranchée de Bizerte, qu'ont évacuée les vagues qui nous
précèdent. Le tir de barrage ennemi bat son plein,
mais tombe derrière nous, dans le ravin, où court la
route de Vendresse à Troyon.

Je cause un moment, dans la tranchée, avec le lieutenant de Sainte-Chapelle, du 1ᵉʳ mixte, qui doit sortir à ma droite, en liaison avec moi.

Enfin la 3ᵉ compagnie part en avant ! Heure de
suprême délire, celle où l'on quitte la tranchée et où
l'on s'élance en rase campagne à la conquête de la
terre de France ! C'est une minute émouvante et
j'en ai, ainsi que mon commandant de compagnie, les
yeux mouillés. Nos petites files d'escouades sautent
de trous d'obus en trous d'obus, parmi le terrain bou-
leversé, les fils de fer enchevêtrés et brisés. Les tirs de
mitrailleuses boches nous obligent parfois à nous apla-

tir le plus possible dans les entonnoirs, afin que nos
têtes ne dépassent pas le niveau du sol.

Nous progressons ainsi lentement pendant une heure
et nous avons parcouru 1 kilomètre. Nous rencontrons
un boche blessé qui, allongé sur le côté, les yeux pleins
de larmes, nous crie : « Pardon, Pardon » ! en joignant
ses mains dans un geste de supplication : avant que
j'aie eu le temps d'intervenir, un de mes hommes lui
répond : « Il n'y a plus de pardon », l'ajuste avec son
Lebel et l'achève. Nous avons vu si souvent pendant
les attaques passées des blessés nous tirer dans le dos,
que je comprends, sans l'excuser, l'acte de mon zouave
Kistener (1). Le tir de barrage est loin devant nous,
mais le 155 français tire trop court et tombe juste à
notre hauteur, ce qui fait une erreur de 7 à 800 mètres
de portée. Nous devons obliquer légèrement à droite
pour ne plus nous trouver dans l'axe de tir de cette pièce
qui, bêtement, nous accompagne méthodiquement.
Tandis que nous sommes quatre, tapis dans un enton-
noir, mon voisin de droite, Blondel, reçoit une balle au
front. Je l'évacue aussitôt sur l'arrière.

Nous repartons parmi les balles qui sifflent de tous
côtés à présent, c'est un miracle que personne ne soit
de nouveau atteint. Devant nous un avion boche qui
survolait les vagues d'assaut à 30 mètres de hauteur
est abattu par les zouaves et tombe en v.ille sur le sol.

1. Tué devant Saconin en juillet 1918.

Il devient difficile d'avancer sous ce feu nourri et c'est le moment d'utiliser des défilements.

Vers 10 heures tout stoppe devant nous et nous sommes obligés de nous arrêter. C'est bien tôt après le début de l'action et je suis surpris que l'ennemi réagisse déjà. Pourvu, mon Dieu! que nous n'allions pas à un échec! Le 1ᵉʳ mixte qui nous précède est arrêté par les mitrailleuses du fortin de la sucrerie de Cerny, simple expression, car de la sucrerie il ne reste plus aucune trace! Les tirailleurs marocains sont très avancés sur la gauche. A droite le corps colonial ne peut progresser devant la sucrerie. Chivy, plus à gauche résiste toujours.

Nous sommes maintenant dans la tranchée de Münster, tous les officiers du bataillon réunis pour bavarder; les hommes par petits groupes, dans les trous d'obus. La tranchée de Münster était notre premier objectif. Tous, nous avons la tête baissée, car les balles rasent les parapets des tranchées et les lèvres des entonnoirs. Nous apprenons la mort du capitaine Langard, du 1ᵉʳ mixte et de deux commandants du même régiment. Le colonel Lainé, vieil et brave officier à barbiche blanche, qui est à la tête du 1ᵉ mixte, vient nous retrouver.

J'aperçois, en me retournant, notre commandant Delerue et le capitaine Ilnicky, son adjudant-major, qui nous suivent à 50 mètres et dont les têtes émergent derrière un parapet. Nous avons l'air de nous figer

dans cette tranchée et les obus boches commencent
à revenir. Les batteries ennemies, s'apercevant de
notre arrêt, ont réoccupé leurs anciens emplacements.
Devant nous, quelques cadavres : des boches et un
homme du 1ᵉʳ mixte étendu sur le dos. Des soldats du
génie circulent, portant des réservoirs de liquide en-
flammé, ainsi que quelques artilleurs, chargés de maté-
riel de toute espèce.

17 avril, 6 heures du matin.
Tranchée du Paradis

Hier, ainsi que je le prévoyais, nous sommes restés
dans la tranchée de Münster une grande partie de la
journée. L'après-midi, le 418, qui fait brigade avec
nous, manœuvra sans arrêt et attaqua à cinq reprises
différentes, pour prendre à revers le fortin, ou nid de
mitrailleuses, qui nous arrêtait. Mais les mitrailleuses
boches, invisibles et fort bien placées empêchèrent
toute réussite. Les Boches se défendaient également
à coups de grenades, apercevant parfaitement la
rangée des tirailleurs du 418 qui les attaquaient. L'artillerie française, décidément mal réglée, tapa en plein
sur le pauvre 418 et un bataillon épuisé dut être rem-
placé par un autre. Et le fortin était toujours là devant
nous; rien ne le révélait sinon plusieurs rangées de fils
de fer et le tac-tac des mitrailleuses. A notre gauche,

sur la crête au loin, le tir de barrage progresse, les Français avancent. Sur le Chemin des Dames, crête qui borne l'horizon, devant nous, nous apercevons les tirailleurs marocains qui doivent reculer, pour ne pas être fauchés par le barrage de nos 75.

Vers 2 heures après-midi, nous nous décidons à casser la croûte, chocolat et pain, dans notre tranchée en compagnie de nos camarades du bataillon le capitaine Bertein, commandant la 2ᵉ compagnie, le lieutenant Kieslé; les sous-lieutenants Crabot et Lacoste, appartenant comme moi à la 3ᵉ compagnie, le sous-lieutenant Joyeux et le capitaine Leperchey.

Mais peu à peu le bombardement boche redouble; chose fatale, puisque nous sommes figés sur place. Ma section, déployée dans le boyau des torpilleurs, un peu en arrière de notre tranchée, a plusieurs blessés : Revel est blessé à la tempe, Brass, mon ordonnance, est atteint par un éclat de « 88 » autrichien, l'obus ennemi le plus traître. Je rejoins mes hommes; les coudes appuyés sur un p .re éclats, je regarde l'horizon à la lorgnette, quand soudain j'entends des cris et je vois cinq de mes hommes qui descendent vers l'arrière. Une torpillette était venue frapper la musette de grenades que portait mon grenadier Devillers. Ces cinq zouaves étaient plus ou moins gravement blessés : « Saillard, mon premier tireur de fusils mitrailleurs, Boff, mon ancien ordonnance, blessés au cou et aux membres, Lô, Seille second fusillier-mitrailleur et

Rebouillat. Le malheureux Devillers appelle sans arrêt les brancardiers. Je me précipite auprès de lui : il est couché contre le talus de la tranchée, et me montrant sa cuisse abominablement arrachée; « Voyez, mon lieutenant, comme ils m'ont arrangé »! Quand je pus le faire emporter sur le brancard, il était évanoui et mourant. Le sergent Sassot est blessé peu après d'une balle à la cuisse.

Soudain vers 5 heures, l'ordre arrive de changer de place, notre bataillon va appuyer sur la gauche vers Colligis et se placer derrière les tirailleurs marocains. Nous traversons au trot le ravin du Paradis par une tranchée transversale très fortement marmitée et nous remontons le long boyau du Paradis où a dû avoir lieu un terrible corps à corps. A son extrémité, à la crête, la bataille fait rage : les mitrailleuses crachent sans arrêt et les coups de fusil indiquent une lutte acharnée.

Le boyau est rempli de bandes de mitrailleuses abandonnées, de cadavres boches, de fusils cassés, de blessés et de cotons de paquets de pansement rouges de sang coagulé qui nagent dans la boue. Nous filons au pas gymnastique, la tête de la colonne marchant très vite; nous enjambons des corps étendus tout le long du boyau. Il fait mauvais, le ciel est noir, il pleut et la colline le long de laquelle monte ce boyau d'enfer est sévère, nue et triste. C'est un vrai cauchemar que vous vivons éveillés!

Soudain le capitaine adjudant major Ilnicky, petit officier, d'origine polonaise à la figure toute ronde et ridée comme une vieille pomme, fait passer l'ordre de s'arrêter. Nous sommes à flanc de coteau un peu au-dessus du ravin du Paradis, dans lequel tombent à foison d'énormes marmites qui rasent la crête où nous sommes, avant de s'abattre dans le précipice derrière nous. Enfin c'est là qu'il faut passer la nuit dans des trous creusés dans la tranchée, les pieds pataugeant dans la neige et la boue glacée qui vous monte jusqu'aux mollets. Je suis si fatigué que je m'endors, le fond de ma culotte dans la vase, le derrière glacé, malgré les miaulements sinistres des marmites qui passent lentement et régulièrement comme de lourds wagons et vont s'écraser avec un fracas de tonnerre dans le ravin, à trente mètres au-dessous de nous.

18 avril, 6 heures du matin.
Tranchée Krüger

Hier matin, au réveil dans notre infâme boyau, il fut question d'attaquer dans la direction de Colligis. Nous devons être premières vagues d'assaut. Ma section, la deuxième, se forme en vague de renfort. Nous sortons du boyau et nous plaçons par petits groupes dans les trous d'obus, derrière la tranchée

Krüger, occupée par les Marocains, que nous devons dépasser et qui viendront derrière nous.

Mais nous devons nous aplatir complètement, nous recroqueviller sur nous-mêmes et veiller à ce que notre tête n'émerge pas au-dessus du sol, car les mitrailleuses de Cerny, sur notre droite, labourent tout le terrain. j'aperçois le capitaine Bertein, commandant la 2ᵉ compagnie et sa liaison se profilant sur la crête devant nous... tac. tac. tac... tout le groupe se fige, couché. Le lieutenant Joyeux est blessé à la cheville et restera à cette place jusqu'à la nuit.

— Nous entendons une explosion à notre droite, c'est, à la 2ᵉ compagnie, un éclatement de grenades incendiaires, qui tue un sergent et plusieurs hommes. L'un d'eux saute en l'air et je verrai toujours ce malheureux pantin désarticulé, monter à trois mètres au-dessus du sol et retomber lourdement.

— Mon capitaine, Leperchey, donne l'ordre à mon camarade, Lacoste, qui commande la 4ᵉ section, d'aller établir une liaison en avant avec le 1ᵉʳ mixte, mais lui recommande bien de se défier des mitrailleuses. C'est une mission folle, mais Lascote s'éloigne courageusement. Peu après, nous quittons nos trous d'obus et rentrons dans la tranchée du Paradis. L'ordre arrive de suivre notre boyau par la gauche et d'aller nous établir dans la tranchée Krüger où les Marocains se sont figés dans leur avance. Nous filons, presque à quatre pattes, les mitrailleuses boches prenant le boyau d'enfilade et les parapets nous arrivent à la taille.

Nous traversons, sans nous en douter, le Chemin des Dames, méconnaissable parmi le bouleversement et le défoncement général. Enfin nous rencontrons les Marocains, couchés par deux sous leurs toiles de tente tout le long du fond de la tranchée. Nonchalants par nature, et éreintés en la circonstance, ils n'ont nullement aménagé la position et dorment, vautrés dans la boue, entourés de leur « Djellaba » manteau, en poil de chameau, gris rayé de blanc méconnaissable sous les plaques de terre et en haillons. Nous nous arrêtons à l'extrémité de leur tranchée : j'aperçois les fils barbelés et les casemates ennemies, où sont restés, dit-on, deux obusiers de o. 77. En face de nous, sur la gauche, les mitrailleuses boches crachotent sans arrêt. A notre hauteur, à gauche également, derrière un monticule de terre, une dizaine de boches lancent des grenades et je distingue bien leurs bras qui s'élèvent et s'abaissent sans arrêt. Nos fusils-mitrailleurs les prennent à partie et les aspergent de balles. Un adjudant de la C. M. vient m'expliquer que nous devons, le lendemain matin, prendre Courtecon, que nous apercevons là-bas, à 400 mètres devant nous, dans un vallon. Mais la difficulté est de franchir la zône des mitrailleuses. Les marocains ont en vain essayé hier soir de sortir et dix des leurs furent tués. Leperchey me dit qu'il fait creuser une sape qui, passant près de ces pièces, va rejoindre la tranchée de Fiüme, en face de l'extrémité de la tranchée Krüger, derrière l'emplacement des mitrailleuses boches. Le plan directeur me fait parfaitement comprendre la manœuvre. Le 3e bataillon, bataillon Lagarde, doit venir s'installer à notre gauche dans la nuit; nous sommes donc en flèche.

18 *heures*. — Les tirailleurs marocains sont relevés. A ce moment, nous sortons du boyau, Leperchey, le sous-lieutenant Crabot, la 1re section et moi, pour faire creuser une tranchée rejoignant la tranchée des Haubans située à 400 mètres sur notre droite, où se trouve la 1re compagnie et consolidant notre situation précaire. Les marocains nous recommandent de ne pas sortir, un des leurs venant d'être tué là par les mitrailleuses. Nous ne les écoutons pas, car, quelque soit le danger possible, nous devons exécuter ce travail. Nous escaladons le talus et nous voici sur la terre libre, en pleine nuit noire heureusement. Nous rencontrons d'abord le cadavre du Marocain puis, un peu plus loin, un autre cadavre, allongé la face contre terre, le sac sur le dos et les mains ouvertes : nous le soulevons et — horreur! c'est notre pauvre camarade Lacoste, qui, accomplissant son service de liaison, a été tué là, alors qu'il était presque arrivé à la tranchée. Il doit avoir des balles dans le corps, car il est plein de sang, nous lui voyons une plaie sous l'œil, contre le nez, couverte de sang c agulé; une

balle l'a frappé là aussi. Mon capitaine, toujours si gai et philosophe, se met à fondre en larmes, ne cessant de répéter : « oh! le pauvre Lacoste, le pauvre enfant! »

Nous le redescendons péniblement dans le boyau, car il est lourd avec tout son équipement de guerre et le déposons contre le talus, dans le fond de la tranchée, où il va dormir son dernier sommeil, sous sa toile de tente. Nous avons bien du mal à faire comprendre aux Marocains en pleine relève, que c'est le corps d'un officier et qu'ils fassent attention à ne pas marcher sur lui!

Soudain Alerte : crainte d'attaque boche, dont les grenades et mitrailleuses crépitent de tous côtés; nous demandons le tir de barrage avec une fusée rouge, qui monte droit dans le ciel, illuminant tout le paysage. Les fusées rouges ennemies à trois globes et les fusées françaises à six étoiles blanches éclairent le ciel noir. Les obus se croisent et pleuvent de tous côtés. Nos V. B. et fusils-mitrailleurs sont en place, puis tout rentre peu à peu dans le silence; l'alerte est terminée.

Je prends le quart, pendant que mon camarade Crabot fait creuser le boyau nous reliant à celui des Haubans. Les hommes travaillent à découvert et les mitrailleuses boches énervées, par le bruit des pioches, crachent fiévreusement. A chaque fusée, tous se couchent, un homme est blessé à la main. Je relève Crabot vers deux heures du matin — certains hommes peureux et fatigués de ma section roupillent dans le boyau commencé au lieu de continuer à piocher — le juif algérien Guedj entr'autres comme par hasard : je lui flanque mon pied quelque part. Le travail est à peu près terminé ce matin. Dans la soirée d'hier, mon fusil-mitrailleur Magnien, qui remplaçait Saillard blessé le 16, est blessé à son tour, à son poste de combat, d'une balle au poignet.

18 avril, 9 heures du soir.
Tranchée Krüger

Journée assez dure aujourd'hui et bien malheureuse : je reste seul officier de la compagnie avec mon capitaine.

Dès le matin, copieux bombardement de gros calibre, mais notre tranchée, cap avancé dans les lignes ennemies, tête extrême de l'avance française, que ma compagnie a l'honneur de tenir, ne reçoit pas d'obus, car ils tomberaient chez les Boches qui nous entourent de trois côtés : devant, à droite et à gauche. Des « gros noirs » passent lentement et sans discontinuer au-dessus de nos têtes et vont se donner rendez-vous dans ce ravin d'enfer qu'est le Ravin du Paradis et sur le boyau où se trouve le poste de commandement de notre chef de bataillon, le commandant Delerue. Nous ne sommes pas ravitaillés. Nos boîtes de conserve sont terminées et je me nourris de chocolat et de pain de guerre, impossibilité absolue d'avoir de l'eau, ce qui nous fait le plus souffrir.

Les balles de mitrailleuses sifflent constamment à nos oreilles; bien que nous ayons approfondi de 0 m. 50 notre boyau, il faut sans cesse baisser la tête.

Cet après-midi, le caporal Rougier, de ma section, a été tué d'une balle à la tête. J'apprends aussi la mort du commandant Delerue et du capitaine Ilnicky, son adjudant-major, tués par une marmite, alors qu'ils sortaient de leur poste de commandement. Ilnicky est mort sur le coup : « cette vieille petite chose » comme nous l'appelions avec sympathie entre nous, avec sa figure ridée et si distinguée de vieux polonais, n'a pas résisté à la commotion. Le commandant Delerue a eu la jambe gauche arrachée à hauteur de la cuisse et est mort au poste de secours. Pauvre homme, tous les siens sont en pays envahi !

Ce soir vers 5 heures, les boches ont attaqué sur notre gauche le 3ᵉ bataillon, qui avait tenté d'arriver aux casemates blindées 4122 où se trouvent les deux « 77 ». Ce fut une lutte âpre de grenades, les deux partis étant au corps à corps. Nous assistions de notre tranchée à ce spectacle, qui se déroulait à 500 m. de nous. Les boches faisaient leur ravitaillement en grenades par le boyau de la Baleinière.

La fumée des éclatements nous renseignait sur l'avance ennemie ou le succès des nôtres; c'était bien émouvant, car si les boches avançaient à notre gauche, notre situation devenait intolérable, pris de flanc complètement. Le 3e bataillon avança d'abord, puis ecula au loin et reprit enfin le terrain perdu. Nous appuyions l'attaque du 3e ataillon par les feux de nos F. M. et de nos V. B. qui prenaient de flanc les boches et la tranchée de la Baleinière. Mais les balles des mitrailleuses ennemies sifflent au ras des parapets, venant, de droite et de derrière nous. Je suis à côté de mon F. M. dirigeant son tir. Leperchey passe et me jette : « Crabot a une balle à la tête » — cela me désole et cependant je ressens malgré moi une certaine fierté à tenir toujours bon au poste — bien que la Providence y soit seule pour quelque chose. L'aspirant Chambounaud arrive : « Le lieutenant Crabot, me dit-il, a reçu une balle à la tête, venant de dos pendant qu'il commandait ses hommes, le capitaine vous donne le commandement des 2e et 4e section, celle du pauvre Lacoste, quant à moi je prends la 1re et la 3e . »

Enfin le 3e bataillon reste sur ses positions et vers 7 heures du soir le combat prend fin. Je vais alors retrouver le capitaine Leperchey qui m'annonce, hélas! la mort du pauvre Crabot peu après sa blessure. Il a reçu la balle alors que, tout au feu de l'action, il se tenait auprès de son fusil-mitrailleur, qui abattait les boches de la Baleinière ainsi qu'à un jeu de massacre.

19 avril, soir. Tranchée de Krüger.

J'ai passé une partie de la nuit avec ma section dans le boyau transversal que nous avons creusé le 17. Nous entendions causer les boches qui devaient être en petits postes avancés tout près de nous, dans les trous d'obus.

Nous sommes toujours dans notre position instable, en flèche. Notre petit poste extrême, tenu par la 4ᵉ section, reçoit des grenades à main du petit poste ennemi situé à 20 mètres au bout de notre tranchée. Le capitaine Leperchey s'est placé à un redan et a répondu lui-même à coups de V. B. qui ont fait tenir tranquille l'adversaire.

Cet après-midi a eu lieu une manœuvre à grande envergure très sympathique, ayant pour but de consolider notre position. Le 146ᵉ à notre gauche et le 418ᵉ à notre droite devaient avancer parallèlement et venir se placer à notre hauteur. J'ai assisté au combat, le dos tourné aux boches, pour voir venir nos vagues d'assaut, dans le boyau transversal, au centre de nos positions, au-dessus desquelles se croisaient les tirs de barrage. C'était un spectacle féerique, je me trouvais dans la situation d'un ennemi, voyant avancer sur lui une attaque double, à droite et à gauche et sans aucun danger pour lui, placé dans la zone neutre. Il était curieux de voir les flocons de nos « 75 » qui avançaient devant les vagues d'assaut se rapprocher de nous et d'entendre le roulement du barrage boche trop long qui tombait bien en arrière des deux attaques.

La soirée a été relativement calme, à part les gros wagons de marchandises qui vont régulièrement et par trois tomber dans le ravin du Paradis.

20 avril, soir. Tranchée de Krüger.

Ce matin, ô joie! j'ai pris une tasse de chocolat que j'ai fait cuire dans mon quart, posé sur une boite de singe percée de trous, à l'intérieur de laquelle flambait un bout de bougie. Mon chocolat en peu de temps fumait et était bouillant.

Dès la matinée, les boches ont repris leur barrage dans le ravin du Paradis. A midi arrivait un ordre général de notre brigadier, le colonel Auroux — « Les « Boches feront tous leurs efforts pour reprendre l'ob- « servation 4122, conquis par le 9e zouaves (jour de « l'attaque de la Baleinière) pr s de la tranchée Krüger « et qui donne vue sur Monthenault et Colligis. La « 3e brigade marocaine ne cédera pas un pouce de

« terrain et passera en entier sa conquête à la 124ᵉ bri-
« gade. »

Peu après-midi, trois grosses torpilles sont tombées
pour la première fois derrière notre tranchée. Cet
engin, qui arrive sans qu'on l'entende dans un halè-
tement sourd, léger et traitre au moment où il
commence à descendre et qui produit un effroyable
ébranlement lorsqu'il éclate dans sa gerbe de fumée
noire, est la plus sale invention de la guerre.

Leurs « minen », indiqués sur le plan directeur, sont,
à la suite de nos indications et sur notre demande,
pris sous le feu de notre artillerie lourde et se taisent.
Nous répondons à leurs torpillettes par du 75 dans
leurs premières lignes, ce qu'ils détestent particulièrement.

Vers 4 heures a repris le tir de barrage sur les
boyaux de l'arrière et le fameux ravin paradisiaque
où notre compagnie hors rangs et le 2ᵉ bataillon en
réserve subissent de lourdes pertes.

Trois hommes de ma section viennent me trouver,
ils ont les pieds gelés. Cela n'a rien d'étonnant car
voilà quatre jours qu'ils restent sans bouger dans la
tranchée, les pieds dans la boue froide et sans presque
rien manger. Je les expédie au poste de secours.

Mais voilà que le tir de barrage boche s'accélère et
s'énerve, il devient formidable. Nous lançons nos
fusées blanches à six feux et notre barrage se déclanche.
Les fusées boches, rouges, vertes, blanches, éclairent

le ciel. C'est bon signe, ces messieurs prennent peur et leurs mitrailleurs tirent sans répit. Ce n'est pas le moment de lever la tête. Cependant il faut que je monte à un redan à côté de mes F. M. et de mes grenadiers V. B., prêt à commander le feu. Soudain, venant de derrière nous, de Cerny, une rafale de balles passe au-dessus de nos têtes, j'entends un bruit sourd, bruit de balle entrant dans un corps : mon grenadier Cazenave tombe à la renverse dans mes bras « Je suis blessé, mon lieutenant! »... Sa capote est déchirée en longueur sur l'omoplate droite.

Les boches n'ont pas attaqué encore cette fois et le grand tapage se tait peu à peu dans la nuit calme et étoilée .Le silence règne et je vais me reposer un peu dans mon terrier avant que sonne l'heure de prendre le quart.

21 avril, soir. Tranchée de Krüger.

Les torpillettes sont tombées toute la journée sur le petit poste de notre 3ᵉ section, à l'extrémité de la tranchée Krüger, le petit poste du brave sergent Alnic, homme de conscience et de devoir. Cet après-midi une dernière torpillette blesse le sergent Ruffin, éclats au mollet et à la fesse, Bertin, la figure en sang trouée d'éclats ainsi que les mains, Salmon, le pied traversé, qui viennent se faire panser dans la tranchée au P. C. de Leperchey.

Ce soir je viens d'assister à un bombardement formidable de nos 155 sur les 1res lignes boches. Ce sont des obus terribles, qui cassent et se brisent en mille morceaux coupants et éclatent dans un tonnerre et une épaisse fumée grise qui monte droit vers le ciel. Nous voyions tout sauter en l'air, à 15 mètres de hauteur et nous jouissions bien de ce spectacle, vrai plaisir de vengeance assouvie. Les boches répondent naturellement par un terrible tir de barrage dans le ravin du Paradis.

Mais voici dans la nuit des « bleus horizon » qui défilent dans notre tranchée. C'est le 321ᵉ qui vient nous relever et qui doit, dit-il, attaquer demain. C'est une joie pour moi de pouvoir enfin ramener au repos ma pauvre section qui a perdu 16 hommes sur les 25 qui la composaient en montant en ligne le 15 avril !

Imp. Jouve et Cie, 15, rue Racine, Paris — 6587-25